novum pro

AF066438

Michael Buczak

Fragliche Fragmente eines Lebens
Zersplitterte Zufälle

novum pro

www.novumverlag.com

Bibliografische Information
der Deutschen Nationalbibliothek:

Die Deutsche Nationalbibliothek
verzeichnet diese Publikation in
der Deutschen Nationalbibliografie.
Detaillierte bibliografische Daten
sind im Internet über
http://www.d-nb.de abrufbar.

Alle Rechte der Verbreitung,
auch durch Film, Funk und Fernsehen,
fotomechanische Wiedergabe,
Tonträger, elektronische Datenträger
und auszugsweisen Nachdruck,
sind vorbehalten.

© 2017 novum Verlag

ISBN 978-3-99048-841-6
Lektorat: Marie Schulz-Jungkenn
Umschlagfoto: Michael Buczak
Umschlaggestaltung, Layout & Satz:
novum Verlag
Innenabbildung: Michael Buczak
Autorenfoto: Mariusz Magnuszewski

Die vom Autor zur Verfügung gestellte
Abbildung wurde in der bestmöglichen
Qualität gedruckt.

Gedruckt in der Europäischen Union
auf umweltfreundlichem, chlor- und
säurefrei gebleichtem Papier.

www.novumverlag.com

Inhaltsverzeichnis

Allein zu zweit 7
    Inspiriert 7
    Tonalität 8
    Ferne Prinzessin 9
    Dis-Tanz 12
    Das 13
Zu zweit 17
    Albert und seine Arbeitsphilosophie 17
    Kennenlernen 19
    Lauras Rat 23
    Auswandern? 24
    Erste Schritte 26
    Eine Episode in der Mode 28
Alberts Erfolg und Entfaltung 31
    Die Nacht in Miami 31
    … liegt mir am Herzen 33
    Isabellas Geständnis 36
Wohin des Weges 41
    Pur 41

Allein zu zweit

Zuerst lernte Albert sie mit zehn Jahren im Gymnasium kennen. Sie gefiel ihm sofort – schon rein äußerlich. Es sollte sich herausstellen, dass ihr Charakter und ihr gesamtes Wesen sehr anziehend für ihn sein werden. Jahrelang nahm er sich vor, sie ins Kino einzuladen, träumte von einer Bootsfahrt ganz mit ihr allein; doch nichts geschah tatsächlich. Alles spielte sich nur in seinem Kopf ab.

Tagebucheintragung …

Inspiriert

Unsere Blicke begegneten sich
Sie wusste bereits jetzt sie hat mich
In ihrem Inneren lag Magie
Ihr Zauber bahnte sich den Weg zu mir

Für ihre blonden gebundenen langen Haare
Sollte es der letzte Sommer sein

Sie liebte es zu schummeln
Damals noch
Hörte sie auf sich und ihre Intuition

Brach Versprechen
Um die Welt zu erleben
Wie sie ist und ließ
Alle vorgefertigten Pfade hinter sich

Als andere mit ihr redeten, was meistens auf Partys der Fall war, glaubte er seinen Augen kaum.

Womit unterhielt er sie? Wieso lauschte sie seinen Worten? – waren Alberts Fragen, als er Adam mit Vanessa reden sah. Nie ist ihm so etwas passiert, nie unterhielt sie sich mit ihm.

Tagebucheintragung ...

Tonalität

Ich will

ihr

etwas Besonderes mitteilen

Sie auf keinen Fall langweilen

Ich halte mich zurück

in der Hoffnung

dass ich mich dadurch

treffsicherer ausdrücke

Dabei hatten sie so viele Gemeinsamkeiten – sie beide liebten Sport und waren begabt darin. Beide waren wirklich gut in der Schule.

Diese Ablehnung war ihm ein Rätsel. Für Albert war es klar, dass er in sie verliebt war und dass sie (nichts) davon wusste. Denn man muss einen Schritt machen, werben, auf der Oberfläche, der Bühne, erscheinen, damit es beim zweiten, der anderen Person, ankommt. Nie verstand er, dass eine Liebe unerwidert bleiben konnte, dass seine Liebe ins Leere ging. Albert war so verletzt, dass er sich gar nicht traute zu träumen, von ihr zu träumen. Er spürte die Realität, wie sie auf ihm wie ein Gewicht lastete.

Während er keinerlei Verbindung zu ihre hatte, hatten alle, die sie mochten, längst wichtige Themen mit ihr, sperrten sich auf Partys in Zimmern ein, um über wirklich lebenswichtige Dinge zu reden.

Immer hoffte er auf ein Zeichen von ihr, das anzeigen würde, dass sie auch etwas für ihn empfindet.

Eines Tages, Jahre später, war Albert bei ihr im Zimmer und sah, dass sie von Kundera „Die unerträgliche Leichtigkeit des Seins" las. Da dachte er sich, dass sie alles hat, was die (private) Gesellschaft schätzte. Sie war spontan, lebendig, auf den ersten Blick etwas burschikos, doch zugleich, mit näherem Kennenlernen, weiblich, verführerisch und mit dem gewissen Etwas. Sie konnte sich so ausdrücken, dass man das Geschehene gerne von ihrem Standpunkt aus sah. Egal was sie tat, immer war ehrliche Begeisterung dahinter, die nie schwand.

Tagebucheintragung …

Ferne Prinzessin

Ich habe mein Herz vergeben

ohne Erwiderung ist es vergebens

Du bist mein Fenster zur Welt

Mein Nektar im Leben

Meine Schönheit in Eden

Umringt von dir

bringt in mir

eine Seite zum Vorschein

dabei entdecke ich

mein wahres Sein

Ich bin beruhigter

Mein Herz klopft ruhiger

Ich bin weicher

mein Atem leichter

Wieso können meine Worte sie nicht rühren

ihre Lippen meine nicht berühren

Ich wünschte ich würde sie verführen

Unsere Körper sich spüren

Er war wie gelähmt – fast jahrelang. Erst nach Ende der Schulzeit sollte sich das ändern. Nach der Schule ging sie als Au-pair-Mädchen nach Spanien. Kurz vor ihrer Abfahrt versprach er ihr, sie zu besuchen. Er nahm dieses Versprechen sehr ernst. Etwa ein halbes Jahr später rief er sie an, wann es ihr passt, dass er sie besuchen kommen konnte. Sie antwortete: „Um Ostern herum." Ermutigt buchte Albert im Reisebüro einen Flug. Einen Monat vor seiner geplanten Abreise griff er noch mal zum Hörer und sie sagte ihm, dass er sie unmöglich besuchen könne, weil schon zu viele Freunde kommen. Er gab zu verstehen, das Ticket schon gekauft zu haben. (Sie meinte, es wird sehr eng, aber er kann kommen.)

Das Telefongespräch bohrte sich tief in seine Seele. Er hegte Bedenken, ob er das Richtige tue. ‚Bin ich nicht eher eine Last als ein willkommener Gast?', dachte er bei sich.

Monika und David holten ihn vom Flughafen ab und als sie ihn umarmten, fiel die Last von ihm ab.

Alle anderen (Philip und Felix, Petra – ihre Mitbewohnerin, …) begrüßten ihn herzlich.

Er wohnte mit ihnen in der Calle Austria in einem Haus mit Innenhof, das ein paradiesisches Gefühl vermittelte.

Die Gruppe machte eine Reise zu einem Berg und fuhr mit dem Zug hin, sie gingen an Dörfern vorbei und entlang der Landstraße waren Weinberge. Nach dem anstrengenden Aufstieg genossen sie die Aussicht und als sie wieder im Tal ankamen, erblickten sie unterwegs ein verschlossenes Eisentor. Dahinter erspähten sie eine Art Bar oder Taverne. Sogleich fiel ihnen auf, als sie näher ans Tor traten, dass sich dahinter – im Gebäude – jemand aufhielt. Schnell stellte sich heraus, dass es sich um den Besitzer handelte.

Monika nahm mit ihrer „flotten Zunge" sogleich einen beherzten Kontakt auf und sie erschien ihm auf den ersten Blick sympathisch. Sie unterhielt sich weiterhin mit ihm.

Redet Monika, hat man immer das Gefühl – so spontan ihre Einfälle auch klingen – es stecken doch immer ausgereifte Gedankengänge dahinter, die subjektiv angehaucht, doch für den Außenstehenden deswegen nicht befremdlich sind; ganz im Gegenteil, sie erleichtern dem Zuhörer, sich in sie hineinzuversetzen und sie dadurch besser zu verstehen. Diese Empathie löst eine Art persönliche Sympathiewelle aus und man lernt sie als Menschen kennen.

Sie saßen noch eine Weile auf der Terrasse, umgeben von Bäumen, und kippten alkoholische Getränke hinein. Danach verabschiedeten sie sich.

In der Nacht überkam ihn ein Traum ...

Dis-Tanz

Fahre mit ihr im Taxi

und halte ihre Hand

Beginne mich zu entschuldigen

und zu rechtfertigen

ob ich überhaupt darf

Sie beginnt zu lachen

Ich hätte zuerst fragen sollen

ob sie einen Freund hat

sagt sie

Beim Halten ihrer Hand

zerrinne ich innerlich

transformiere mich

von Luft zu Wasser

Wandle mich

von geistig zu lebendig

Für den letzten Abend kauften sie viel Alkohol für eine Bowle ein. Für die meisten war es ein feucht-fröhlicher Ausklang der Reise. Albert blieb noch zwei Tage länger. Sie waren zu dritt – Petra, Vanessa und Albert. Sie gingen ins Kino. Der Film war mit englischen Untertiteln. Der Streifen handelte von einem Schriftsteller, der auf einen Mäzen trifft. Dieser ältere Herr berät ihn, welche Bücher seinem Schreibstil entgegenkommen würden. Anstatt sich diese Bücher zuzulegen, kauft sich der Autor, als Zeichen seines schöpferischen Talents, eine Pflanze – einen Kaktus. Er lässt ihn in seiner Wohnung am Fensterbrett gedeihen.

Nach diesem Abend düste Albert am nächsten Morgen zurück nach Wien.

Eintrag ins Tagebuch …

Das

Die Sonne in Wien ist zart
ihre Strahlen dringen nicht durch
die kalte Luft
Das Tageslicht
lässt die Haut nur erahnen
wie schön es schon sein könnte

Der Donaukanal
ist wie ein Fließband
eingebettet im Flussbett –
nie über den Rand kommend
hat kein lautes Geräusch
gerade mal ein Plätschern

In Malaga das Meer
Kraftvolles Hin und Zurück
Schaut man den Wellenumbrüchen hinterher
einnehmend – der Rausch des Meeres
danach die Ruhe

Als Vanessa zwei Monate später in Wien ankam, begrüßte er sie mit einem Picknick im Augarten.

Er bat sie, ihre Augen zu schließen. Sie saß mit abgewinkelten Beinen da, die zur Seite geschoben wurden. Er sagte, sie könne die Augen wieder öffnen. Ihr entkam ein Lächeln, das ihn dazu ermunterte, ihr zu sagen, was er sich vorgenommen hatte. Er nahm all seinen Mut zusammen und presste *„Te quiero"* heraus. Er befürchtete, dass sie sich wegdreht, um ihre Sachen zu packen, und weggeht, doch, zum Glück täuschte er sich und aus ihrem Mund kamen die Worte: „So romantisch hätte ich dich gar nicht eingeschätzt." Er traute sich nicht, ihr etwas zu entgegnen, denn Albert wollte die Stimmung nicht zerstören. Nach einer Weile des Schweigens erzählte er ihr über seine Zweifel, seine Fragen, wie zum Beispiel, ob man auf seine Intuition zurückgreifen darf, oder, ob die Gewissheit aus etwas Anderem wie etwa der Erfahrung entspringen muss. Er erzählte ihr vieles, was er bislang für sich behielt, und nachdem er zu Ende geredet hatte, gab sie auf seine letzte Bemerkung zum Besten, dass der Gedanke, vertrauenswürdig zu sein, wenn man eisern schweigt, zwar stimmt, aber man sich immer eine Version zurechtlegen sollte, wie man es jemandem erzählt, damit einen die Last des Schweigens nicht erdrückt.

So redeten sie weiter, bis es an der Zeit war, zu gehen. Da sie ganz in der Nähe wohnte, begleitete er sie nach Hause. Albert küsste sie auf die Wange und wollte sie noch einmal auf die Wange küssen; doch plötzlich vertiefte er sich in ihre Augen, sie musterte ihn ihrerseits genau, und es entstand ein magisches Band zwischen ihnen, das sich erst löste, als sie sich aufhörten zu küssen.

Sie trafen sich danach jeden Tag und eines Tages teilte sie ihm mit, dass sie klettern gehen will. Im selben Atemzug fragte er sie, ob sie etwas dagegen hätte, wenn er auch mit von der Partie wäre? Er erinnerte sich an die schönen Stunden, als er auf Bäume kraxelte. Noch während er in Gedanken versunken war, antwortete sie: „Sicher, klar."

Stunden nach dem Gespräch überkamen ihn auf einmal Zweifel, dass er ihr ihre Freiheit nicht lasse, dass sie seine Frage als Akt der Kontrolle sehen könnte. Er beruhigte sich dann sogleich und flößte sich ein, dass er sie schon gefragt hatte und es somit schon passiert, Realität geworden war, und er in Wahrheit ziemlich froh darüber war, dabei zu sein.

Schon in den ersten Kletterstunden lernten sie Antonia und Philipp kennen. Nach dem Klettern gingen sie regelmäßig zum Wirten Hans – die Frauen auf ein paar Gläschen Rotwein und die Männer, um Wieselburger zu trinken.

Sie spazierten an jenem späten Nachmittag durch die engen Gassen Wiens. Sie unterhielten sich über Monika – ihre beste Freundin. Abends gingen sie gemeinsam weg. Sie waren im Flex, sie war wegen der Musik dort, er, um ununterbrochen zu tanzen.

Als sie nebeneinander tanzten, übertrug sich ein Impuls direkt auf seine Zunge und er küsste Vanessa flüchtig, das machte ihn süchtig. Er berührte sie mit seiner Hand am Rücken, glitt hinunter; sie machten ein paar Schritte zur Wand, bis sie anstießen, und küssten sich leidenschaftlich. Sie löste sich dann von ihm und flüsterte Albert zu: „Willst du etwas erleben?" Er war neugierig und nickte. Sie nahm ihn an der Hand, sie überquerten die Brücke, rannten Richtung Augarten und als beide an der Mauer standen, sagte sie: „Los geht's!" Sie kletterten über die in zwei Metern Höhe angeordneten Ziegel. Der Park war ganz leer, nur sie beide.

Sie legte sich mitten auf die Wiese, er legte sich auf sie, küsste ihren Hals und begann, sie langsam auszuziehen.

Zu zweit

Albert und seine Arbeitsphilosophie

Keines von Alberts Worten wird einfach nur auf sein Gegenüber geschleudert. Er verhält sich aber auch nicht so, dass jedes Wort auf die Waagschale gelegt wird. Auf jeden Fall schafft es dieser Mann, sich präzise und gleichzeitig mit Pep und Schwung auszudrücken.

Jedes gesagte Wort ergibt Sinn. Er reagiert schnell auf sein Gegenüber und weiß Argumente zu entkräften, indem er es als Klischee oder vorschnelles Urteil abtut. Auch das gesamte Gespräch hat Hand und Fuß. Nicht streng logisch, wie es ein Mathematiker verstehen würde, aber intuitiv sowie assoziativ, ohne jemals esoterisch zu werden.

Immer war Albert seinen Landsleuten an Professionalität voraus. Er hatte eine klare Vorstellung, wie was zu laufen und wie was zu funktionieren hat. Wenn sich Albert einer Sache annimmt, will er bis zum Kern durchdringen und dabei jede Einzelheit und jedes Detail verstehen. Erst dann setzt er alles zusammen, verknüpft alle Elemente und findet allgemeine Erklärungen.

Studiert er seine Unterlagen, braucht er vollkommene innere Ruhe und Stille. Außerdem will er ungestört arbeiten.

Spricht er mit Kollegen, gibt er seine Erkenntnisse erst preis, wenn er merkt, dass sein Gesprächspartner einiges aufbieten kann. Albert verrät eine kleine Verständnissache und wartet ab, ob sein Gegenüber darauf eingeht. Äußert sich der Kollege tatsächlich über dieses Detail – auf das Albert alle Antwortmöglichkeiten weiß, wobei er alle eventuellen Szenarien kennt, kommt erst der Stein ins Rollen. In diesem kurzen Gespräch ist Albert unschlagbar. Da blüht er auf und sein Gegenüber geht ein.

Seinen Kollegen ist Albert suspekt. Gerne wird er belächelt, und gibt es mal kein Thema, ist er Gesprächsstoff. „Wie kann einen normalen Menschen Papierkram derart einnehmen?", fragen sie sich. Er hingegen findet, dass man davon überzeugt sein muss, was man macht. (Rede ich schlecht über meine Arbeit, bedeutet das doch nur, dass ich nicht dahinterstehe.)

Kollegen sind der Meinung, dass er kein Mensch ist, weil er keinerlei Hobbys, Leidenschaften oder Interessen hat. Ist jemand von seiner Arbeit begeistert, denkt Albert sich oft, stellt die Arbeit keine Mühe, sondern ein Vergnügen dar. Kurzum braucht man nach Alberts Einschätzung keine Hobbys, um sich abzulenken, denn Arbeit und Leidenschaft sind ein und dasselbe.

Alberts neuer Vorgesetzter Manfred hatte kein Vertrauen zu ihm. Immer behielt Manfred die wichtigen Informationen für sich – jeder an der Gerüchteküche Beteiligte wusste mehr. Beim vorherigen Vorgesetzten gab es immer eine große Anspannung bei der Arbeit, doch immer hielt Albert dem Druck stand. Nun kam er sich wie das letzte Rädchen vor, das zwar immer seine ihm übertragenen Aufgaben ordentlich erfüllte. Doch schien es ihm, als ob er nur die nicht nennenswerten Krümel abbekommen würde. Von seinem Schreibtisch aus sah Albert immer wichtige Kunden und Geschäftspartner ein- und ausgehen. Er erfuhr immer, weswegen sie hier waren, allerdings nie, worum es im Detail ging.

Nie begegnete ihm der Chef auf Augenhöhe. Immer kam es Albert vor, als wäre er mindestens drei Ebenen unter ihm. Auch was er von Manfred über das geschäftliche Treiben erfuhr, war nur die offiziellste Version der Wahrheit. Seinesgleichen erzählte der Vorgesetzte ehrlich, was Sache ist, und sprach in aller Klarheit seinen Standpunkt aus. Albert hatte so seine Theorien, wieso der Chef kein Vertrauen hatte. Er vermutete, dass Manfred ihn für indiskret hielt. Über den wahren Zustand der Abteilung erfuhr Albert nur mehr noch zufällig. Hin und wieder kam ihm ein Gerücht zu Ohren.

Kennenlernen

Wie immer drehte Albert in der Mittagspause eine Runde im Park. Dabei bemerkte er eine Frau, die ein Buch las. Zufällig erblickte er auch den Titel – es war „Nachtzug nach Lissabon". Albert hatte soeben den gleichnamigen Film im Kino gesehen und im Spiegel gelesen, dass der Film die Gedankentiefe des Buches nicht annähernd wiedergeben kann. Er wollte sie einfach nur fragen, wie ihr die Erzählung gefällt. Doch er zögerte, drehte eine kleine Runde. Er schlich wie eine Raubkatze um seine Beute. Erst als sie aufstand, traute er sich, zu ihr zu laufen. Wahrscheinlich deshalb, weil diese Chance sonst endgültig weg gewesen wäre. Er berührte sie leicht am Oberarm, sie erschrak, drehte den Kopf zu ihm und bevor er loslegen konnte, gab sie ihm einen erstaunten Blick.

Albert: „Entschuldigen Sie die Störung", murmelte er. Er atmete tief durch und begann von vorn: „Wissen Sie, ich habe die Verfilmung des Buches, das sie lesen, gesehen. Darf ich fragen, wie der Roman ist? Ich will nicht aufdringlich sein – sagen sie mir nur, ob sie ihn mir weiterempfehlen."

Renata (selbstbewusst und gewitzt): „Wollen Sie mir ernsthaft weismachen, dass Sie mich wegen des Buches ansprechen?"

Albert: „Ja, wieso denn sonst?"

Renata: „Ihr Männer seid gerissen. So unscheinbar und unschuldig die Frage klingt. Hegt Ihr geheime Absichten?"

Albert: „Jetzt verstehe ich gar nichts mehr."

Renata: „Und keine Manieren auch noch! Bei einem Abendessen könnt Ihr mehr erfahren. Hier ist meine Visitenkarte. Jetzt muss ich weiter."

Er war so perplex, dass er nicht einmal seine Visitenkarte hergab.

Albert ist, wie immer, überpünktlich und wartet bei einem Glas Mineral auf Renata. Sie kommt gut gelaunt an und ist etwas erstaunt, dass er ein In-Lokal gewählt hat.

Renata (prescht hervor): „Ich hätte dich gar nicht so verschwenderisch eingeschätzt. Außerdem hätte ich mir gedacht, dass du ein klassisch-schönes Restaurant wählst. Derweil überraschst du mich mit so einem schicken Lokal."

Albert: „Mit einem haben Sie …"

Renata: „Kannst ruhig du sagen …"

Albert: „Jedenfalls trifft das Wort ‚überraschen' den Nagel auf den Kopf. Ich wollte diesmal einen anderen Eindruck machen. Nicht so perplex und schüchtern wie das letzte Mal."

Renata: „Mir gefällt deine Ehrlichkeit. Du hast mich schon wieder überrascht!"

Der Kellner kommt, bringt die Speisekarten und beide vertiefen sich darin. Nachdem sie bestellt haben, versucht Albert, das Gespräch wieder zu beleben.

Albert: „Auf deiner Visitenkarte steht Kunstmanagerin. Womit beschäftigst du dich genau?"

Renata: „Genau genommen, organisiere ich Ausstellungen. Das heißt, ich bin eine Kuratorin für zeitgenössische Kunst. Was machst du so?"

Albert: „Ich bin Finanzanalyst bei einer großen Bank. Ich will aber weg vom Tagesgeschäft und zur Abteilung des Chefvolkswirts wechseln. Langfristige Ziele und Strategien faszinieren mich mehr."

Renata: „Sprichst du immer fremde Frauen im Park an?"

Albert: „Nein, du bist die Erste."

Renata: „Was hast du eigentlich zu der Zeit im Park gemacht?"

Albert: „Meinen Spaziergang in der Mittagspause. Und du?"

Renata: „Meinen freien Nachmittag genossen. Übrigens, seit wann interessiert sich ein Bank-Beamter für Bücher?"

Albert: „Immer schon, seit meiner Kindheit lese ich."

Renata: „Welches Buch hat dich in deiner Jugend am meisten geprägt?"

Albert: „‚Wem die Stunde schlägt' von Hemingway."

Renata: „Der Kerl hat einen typisch männlichen, kargen Stil. Was hat dich daran fasziniert?"

Albert: „Gerade das hat mich begeistert! Dass ein Schriftsteller nicht immer nur blumige Worte verwendet. Dass die Kunst der Poesie in der Wahrheit und nicht im Schönen liegt."

Renata: „Hemingway hat über männlich wirkende Protagonisten, wie eben jenen Robert Jordan, geschrieben. Hat dich nicht das vielmehr beeindruckt, gerade als Jugendlicher?"

Albert: „Mich hat mehr interessiert, wie Pilar mit Robert Jordan umgeht. Mich hat auch die Geschichte von Pilars Mann Pablo schockiert. Mich hat schlussendlich die Liebesgeschichte zwischen Robert Jordan und Maria fasziniert."

Im Laufe des Abends kamen sie darauf, dass sie beide den Film „Renoir" angesehen hatten, und diskutierten lebhaft darüber.

Renata: „Natürlich bedient dieser Film das Klischee des alten Malers, den die Muse in Gestalt einer jungen Frau küsst, die ihm Modell sitzt."

Albert: „Ist das nicht schön, dass eine Frau einen Mann und nebenbei auch den Sohn zum Leben erweckt? Einen Maler zu seiner Ausdruckskraft zurückfinden lässt?"

Renata: „Doch welch erniedrigende und gefügige Rolle nimmt diese Frau dabei ein?"

Albert: „Leider wird sie generell gering geschätzt. Ihre Ansichten und Tipps erweisen sich als goldrichtig – sie sieht in dem jungen Renoir einen Filmemacher und ihr fällt seine Begeisterung für den Film als Erste auf. Sie ermuntert ihn, niemand sonst!"

Nach dem Abendessen schlug Renata noch vor, sich gemeinsam einen Film anzusehen. Es war zwar schon spät, doch im Kino de France lief noch ein Streifen mit dem Titel „Gainsbourg". Nach der Vorstellung setzten sie sich noch in eine kleine Cafébar und unterhielten sich darüber.

Albert: „Beliebt war dieser Gainsbourg von klein auf – schon bei seinen Schulkameraden!"
Renata: „Was willst du damit sagen?"
Albert: „Er als Person ist den Leuten sympathisch …"
Renata: „Und?"
Albert: „Sein Werk ist schlecht."

Renata: „Gerade bei ihm sind seine Songs und sein Leben untrennbar miteinander verbunden. Seine Texte werden von seinen persönlichen Erlebnissen getragen."

Albert: „Und das macht seine Lieder besser?"

Renata: „Es erklärt die Anziehungskraft seiner Lieder. Sie liegt an seiner Stimme, den Texten und der Melodie. Er erzählt vom Leben (wie kein anderer) und das bringt die Leute zum Träumen."

Lauras Rat

Renata traf Albert zum Mittagessen, wobei sie ihre beste Freundin Laura mitnahm. Nachdem Albert wegen eines Meetings früher aufbrechen musste, saßen die beiden Frauen noch zusammen und unterhielten sich.

Renata: „Wie findest du ihn?"
    Laura: „Das ist doch kein Mann für dich. Du hast Leidenschaft, bist feurig und er tötet dein Temperament."
    Renata: „Was redest du da. Überhaupt, was meinst du mit ‚er tötet …'?"
    Laura: „Mit seinen ewigen Analysen und seinen Reflexionen. Auch wenn sie spannend erzählt werden. Du brauchst einen Mann, der das Leben anpackt und nicht darauf wartet oder sich gar davor fürchtet. Du brauchst jemanden, der impulsiv ist, der eine gewisse emotionale Temperatur in die Beziehung mitbringt."
    Renata: „Ich will ihn ja nicht gleich heiraten. Für meine momentane Lage, ist er der Richtige. Ich brauche Ruhe, gute Gespräche über etwas anderes. Außerdem fasziniert mich zurzeit die Verbindung, das Ineinanderfließen zwischen Berufs- und Privatleben. Er geht das sehr gesund an und das bewundere ich an ihm."
    Laura: „Sei nicht ungeduldig und geh nicht den bequemeren Weg. Du wirst deinen Traummann schon finden. Aber er?"
    Renata: „Mach dir keine Sorgen …"

Auswandern?

Renata: „Schatz, du bist hier nicht glücklich."

Albert: „Ich beschwere mich in letzter Zeit relativ viel über meine Arbeit – da hast du recht."

Renata: „Das kannst du ändern. Wenn du hier unglücklich bist, gehe woandershin."

Albert: „Hm. Hier sind meine Wurzeln. Außerdem muss ich mich Problemen stellen und nicht vor ihnen davonlaufen."

Renata: „Vielleicht passt es grundsätzlich nicht. Vielleicht wirst du in Wahrheit so, wie du bist, nicht akzeptiert. Vielleicht ist das, was du ‚sich Problemen stellen' nennst, ein Kampf gegen Windmühlen – so ähnlich wie Don Quichotte."

Albert: „Menschen sind überall gleich. Und was, wenn woanders die gleichen Probleme auftauchen?"

Renata: „Menschen sind verschieden. Man muss sich mit den richtigen Leuten umgeben. Man muss im Leben suchen und sich seine Freunde und Geschäftspartner aussuchen."

Albert: „Ich gebe dir recht. Es ist nicht einerlei, wem man begegnet. Doch ich kann auch hier mit der Suche anfangen."

Renata: „Beschränke dich nicht nur auf diesen Ort. Stelle dir die Frage, was du willst und was du dir wünschst."

Albert: „Hier sind meine Wurzeln. Man kann mich nicht einfach umtopfen."

Renata: „Du bist ja keine Pflanze, wenn ich deine Metapher aufgreifen darf."

Albert: „Nehmen wir an, ich wandere aus. Ich muss mir alles von vorne aufbauen. Außerdem, ich bin kein offener und spontankommunikativer Mensch. Was, wenn ich dort vereinsame?"

Renata: „Stelle dich nicht in so einem schlechten Licht dar. Habe mehr Selbstvertrauen und weniger Angst vor der Zukunft."

Erste Schritte

Wie wird mich Buenos Aires wohl aufnehmen?, dachte sich Albert. Er war sich dessen bewusst, dass gerade hier positive Lebensenergie, Durchschlagskraft und Lebensfreude an der Tagesordnung standen. Oder waren das alles nur Klischees und die Leute sind, wie sie sind, egal, in welchem Land man sich aufhält. Wie werden seine Mitarbeiter mit seiner Wortkargheit, seinem zimperlichen Vorgehen und seinen klaren Anweisungen umgehen? Was, wenn sie ihn als Menschen und seine Art und Weise zu leben nicht akzeptieren? Kann das die richtige Entscheidung sein, wenn man so viele Bedenken hat? Oder ist es sowieso besser, einfach ins kalte Wasser zu springen? Oder sollte er sich einfach mehr zutrauen – auf seine Intuition vertrauen? Oder es als Abenteuer betrachten, das man jederzeit beenden kann, indem man zurückkehrt?

Chef: „Ich finde, Sie fühlen sich hier nicht besonders wohl."
    Albert: „Warum? Ich komme mit der Arbeit gut voran."
    Chef: „Ich kann nicht nur die Leistung bewerten, sondern muss auch auf das Team Rücksicht nehmen."
    Albert: „Ich habe mich auf die Arbeit konzentriert. Das erschien mir für den Anfang wichtiger, als das freundschaftliche Verhältnis zu den Kollegen zu pflegen."
    Chef: „Mir geht es nicht um Einzelleistungen. Das Team steht im Vordergrund. Wenn sich jemand nicht einfügen kann, kann ich auch nichts machen."

Albert: „Ich habe hier die gleichen Probleme, die ich vorher hatte."
    Renata: „Du findest woanders was. Du bist nicht abhängig von ihnen."
    Albert: „Vielleicht sollte ich mir mal Gedanken machen, was ich falsch mache, anstatt immer weiterzumachen."

Renata: „Du musst dich nicht für jemanden verändern oder gar verbiegen. Du bist, wie du bist."

Albert: „Ein Mensch kann sich sehr wohl verändern, und zwar, wenn er Einsicht zeigt."

Renata: „Was genau hat man dir vorgeworfen?"

Albert: „Dass ich mich nicht ins Team eingefügt habe."

Renata: „(Selbst-) Zweifel bringen dich auch nicht weiter."

Eine Episode in der Mode

Offiziell wurde die Geschäftsstelle der Bank in Buenos Aires geschlossen. Somit ging auch Alberts Arbeitsplatz verloren. Er bewarb sich bei vielen Finanzinstituten, doch bald musste er die Hoffnung aufgeben, denn es gab nur negative Antwortschreiben.

Da hörte er von seiner Lebensgefährtin, die oft und gerne einkaufen ging, auf diesem Wege so ihre Kontakte zu Boutiquen und deren Besitzern hatte, dass das Kaufhaus einen Finanzberater suchte. Widerwillig schrieb er auf Wunsch seiner Partnerin eine Bewerbung. Nach nur wenigen Tagen meldeten sich die Verantwortlichen des Kaufhauses, er möge zu einem Vorstellungsgespräch kommen. Am liebsten hätte er abgesagt, doch die finanzielle Lage zwang ihn zum Handeln.

Albert: „Kannst du dir vorstellen, dass ich in der Mode lande?"
  Renata: „Es ist eine Branche wie jede andere auch und muss deswegen auf finanziell stabilen Beinen stehen."
  Albert: „Leute, die heutzutage Mode machen, sind doch (nichts anderes als) Scharlatane! In der Saison gelten Punkte als modisch und in der nächsten Saison Streifen. Wenn es nach denen geht, muss man sich jede Saison neu einkleiden. Das ist doch Schwachsinn!"
  Renata: „Dafür bist du nicht zuständig. Du überprüfst die Zahlen!"
  Albert: „Ich muss zumindest einen Bezug zum Produkt aufbauen können. Es zumindest als sinnvoll einstufen."
  Renata: „Auch du trägst Kleidung oder willst du mir etwa widersprechen? Und so unmodisch sind deine Anzüge für männliche Verhältnisse gar nicht!"

Entgegen Alberts Erwartungen, auf eine verrückte Modewelt zu stoßen, fand er beim Betreten des Firmensitzes eine normale Bürowelt vor. Die Finanzabteilung, für die er seine Dienste anbot, lag gleich neben der Marketingabteilung. Außerdem gab es noch die Personal- und Einkaufsabteilung und ein paar andere mehr oder weniger wichtige Abteilungen. Nur das Atelier war woanders untergebracht. Beim Rundgang fiel ihm gleich eine junge, hübsche Dame namens Isabella auf.

Beim gemeinsamen ‚Meet and Greet' saß er Isabella gegenüber. Er erfuhr von ihr, dass sie seit Jahren einen Lebensgefährten hat. Nach anfänglichem Geplänkel fanden sie schnell ins Gespräch. Obwohl kein dezidiertes Interesse geteilt wurde – er las lieber Bücher und sie sah sich gerne Kult-Filme an; er fand moderne Malerei toll, sie machte sich darüber lustig; sie bewunderte dafür die „Alten Meister", er fand sie fad – gab es eine gemeinsame geistige Ebene.

Albert unterhielt sich mit ihr, wann immer sich die Gelegenheit bot. Mal beim Kaffee, mal beim nach Hause gehen oder in der Mittagspause beim Menü. Immer war er auf ihre Meinung neugierig. Sie wiederum hörte ihm gern zu. Seine Ansichten wurden bereichert oder erschüttert, aber auf jeden Fall blieb etwas zurück (das ihn tief berührte).

Albert: „Ich sage es klipp und klar. Die Kosten für die Stickereien müssen um die Hälfte runter."

Chefdesigner: „Die bestickten Kleider sind unsere Best-Seller!"

Albert: „Mag sein, dass sie sich gut verkaufen. Aber insgesamt sind sie ein Verlust und kein Gewinn."

Chefdesigner: „Es ist falsch, bei der Qualität zu sparen. Außerdem ist das unser Markenzeichen. Damit locken wir unsere Kundinnen ins Geschäft."

Albert: „Orientiere dich stattdessen an den Mänteln. Die sind auch ein Qualitätsprodukt, verkaufen sich ebenso, bringen aber keine Verluste!"

Chefdesigner: „Eine Kollektion atmet und verkörpert unsere Interpretation von Mode. Eine Kollektion drückt genauso den Lifestyle unseres Hauses aus."

Albert: „Unsere Modephilosophie muss anders interpretiert werden. Wir können nicht ewig die 50+ Generation einkleiden. Wir müssen den Lifestyle der jungen Generation kennen. Und das heißt – weg mit den Stickereien!"

Chefdesigner: „Man kann nicht nur Verkaufsstatistiken hernehmen und alles danach ausrichten. Man kann nicht nur kurzfristig denken. Unser größtes Kapital ist die Tradition des Hauses, und die müssen wir bewahren, aber das heißt nicht, sich blind anzupassen."

Albert: „Schau dir die alteingesessenen Unternehmen an. Alle passen ihre Tradition der neuen Zeit an. Sie verändern nicht nur ihr Image, sondern auch ihr Produkt. Wir können nicht einfach zuschauen, sonst sind wir bald weg vom Fenster – also vom Markt."

Chefdesigner: „Was ist mit Burberry? Die stehen noch immer zu ihren Karos, weil es ihr Markenzeichen ist. Man muss eben an sein Unternehmen glauben und darf keine Angst vor der Zukunft haben."

Albert: „Der Rechenstift hat recht. Und nicht irgendein Geplapper."

Alberts Erfolg und Entfaltung

Die Nacht in Miami

Boss: „Herr Albert, mittlerweile sind Sie schon einige Zeit bei uns – wie gefällt es Ihnen?"
 Albert: – „Äh, nun ja. Anfangs war ich ein wenig erstaunt und nun bin ich zufriedener, als ich dachte."
 Boss: „Gut. Kommen wir gleich zur Sache. Albert, ich bin wirklich beeindruckt von Ihrer Leistung bei uns. Ehrlich gesagt, hätte ich das nicht erwartet. Wie Sie sicher wissen, entwickelt sich die Welt rasant weiter und macht auch vor der Mode nicht halt. Wir müssen nicht nur mit der Zeit gehen, sondern vorn dabei sein. Deshalb widmen wir uns einem neuen Projekt, ein neuer Flagship-Store mitten in Miami. Natürlich muss das auch finanziell hinhauen und ich habe Sie ausgewählt, damit die Finanzierung auf festen Beinen steht. Ich hoffe, Sie sehen darin eine Herausforderung und nehmen diese neue Aufgabe wahr …"
 Albert: „Ich bin sehr dankbar für das Vertrauen, das Sie mir entgegenbringen, und nehme das Projekt gerne in Angriff. Ich nehme an, die Einzelheiten werden Sie mir noch mitteilen …"
 Boss: „Darf ich Sie kurz unterbrechen – damit Sie sich ein Bild machen können. Sie fliegen schon morgen nach Miami. Bei Ihrer Auslandsreise werden Sie von Isabella Sanchez begleitet."
 Albert: „Ich bin sprachlos …"

Isabella und Albert kamen am Nachmittag in Miami an, wo sie schon Lorenzo, der Vermieter des Gebäudes, in dem der neue Flagship-Store eröffnet werden sollte, empfing. Er verabredete sich mit beiden für den Abend und lud sie in sein Lieblingsrestaurant ein. Nach dem Essen gingen die Gäste etwas beschwipst in Richtung Hotel. Nachdem sich Albert von Isabella verabschiedet und sie die Tür mit der Karte schon geöffnet hatte, kam Albert noch einmal zurück. Er wollte sich vergewissern, dass …

Albert redete lauter als gewohnt, weswegen Isabella ihn ins Hotelzimmer ließ. Erst am nächsten Morgen bereute sie ihren Entschluss, denn als sie aufwachte, lag Albert nackt neben ihr, und mit einem Male kam ihr die Erinnerung an die letzte Nacht wieder in den Sinn. Zuerst erschrak sie innerlich, dann fühlte sie sich elend, wie jemand, dessen Wort nicht zählt. Wie konnte das nur passieren?, ging es ihr durch den Kopf. Sie war es nicht gewohnt, entgegen ihrem Willen zu handeln, konnte weder einen Grund für die Tat noch Argumente finden, die ihr Gewissen entlasten würden. Schuld und ein ungeklärtes, unerklärliches Gefühl, dass dies richtig war, mischten sich in ihrem Inneren zu einem explosiven Cocktail. Als Albert sich mit den Ellenbogen im Bett aufstützte und seinen süßen Träumen entkam, wurde ihm schlagartig bewusst, was los ist.

Isabella (wutentbrannt): „Wieso? Wieso musstest du zurückkommen? Weshalb musste das gerade uns beiden passieren?"

Albert: „Ich kann es nicht erklären."

Isabella: „Was kannst du dir nicht erklären? Was ist daran bitte nicht klar? Die Konsequenzen sind dir aber hoffentlich schon bewusst!"

Albert: „Wir können nichts ausrichten gegen den Lauf der Dinge … eins hat zum anderen geführt."

Isabella: „Das hat Folgen, Albert! Für dich und für mich. Rekonstruiere bitte nicht den Verlauf der letzten Nacht. Für dich war es ein Abenteuer, für mich bedeutet es Schande. Ich will meinen Mann wegen so was nicht verlieren, ich will weiterhin an seiner Seite bleiben. Ich möchte schon gar nicht als untreu gelten. Wo führt das denn hin? Nur ins Nirgendwo! Kannst du auch endlich mal was sagen, du, der du schuld bist, der alles ausgelöst und in diese Richtung gelenkt hat."

Albert: „Es bringt nichts, ewig danach zu suchen, was uns trennt, so kommen wir nicht weiter. Wir müssen uns eingestehen, dass uns mehr vereint, als wir es zugeben möchten, dass wir uns auch auf einer intuitiven und körperlichen Ebene sehr nahe sind. Das lässt sich nicht leugnen. Wir müssen der Wahrheit ins Auge blicken und uns eingestehen, was Sache ist, und unseren Weg konsequent gehen."

Isabella: „Gemeinsam?? Du spinnst wohl!"

Eintrag ins Tagebuch ...

... liegt mir am Herzen

Wann hat sie sich in mein Herz eingenistet?
Wieso gebe ich ihr gute Ratschläge?
Wieso verhalte ich mich zu ihr nicht genauso wie sie zu mir?

Sie spricht ein gutes Wort
auf die Worte, die ich ihr gebe
Ich warte lange
Sie lässt sich Zeit
Ich zittere

Immer hohler ihre Worte
Immer weniger Absätze ihre Antworten
Immer schlechter mein Gefühl

Der Dialog lief intuitiv
Gedanken waren spannend
Will sie das Gespräch
Möchte sie Geschichten?

Höre ich auf?
Höre ich hin?
Hört sie zu?

Gebe ich mich her?
Ist das der Schlüssel oder der Untergang?

Am Anfang war alles klar
Nun schwanke ich nach einem Jahr
Frage ich mein Herz gibt es ein Ja

Ich gebe viel her
Sie kommt kaum hinterher
Sie spielt nicht mit mir
Ich sehne mich nach ihr

Das Herz hat ein Eigenleben
Gefühle wollen nicht vergehen

Langsam gibt es keinen Grund
Sicher scheint der Abgrund
Ein Ende in Sicht?
Bitte nicht!

Kann Amor seine Pfeile
nicht anders verteilen?
Bin ich verrückt
nach ihr?
Der Liebe bedarf es zwei

Es wächst natürlich
Es verklingt
wenn
es nicht erwidert wird
Normalerweise
Doch hier?
Ein Fass ohne Boden
allen Gesetzen zum Trotz

Kein Konzept
Kein Wort
Keine Schwermut
hilft

Der nächste Tag
bringt die nächsten Sätze
Ewig so weiter?
Wie viel Geduld hat sie?
Wie viel Ausdauer habe ich?
Wie entkomme ich?

Nimm eine andere
Nimm es nicht so schwer
Eine ist wie die andere

Also lass sie ziehen
Mach dein Herz frei
und nicht zu Blei

Welche Redewendung ist richtig?
Das Maß ist voll
oder
ist sie das Maß aller Dinge?

Nichts bringt die Weisheit
Alles vergeht
Ich bin involviert
Verstrickt und zugenäht

Isabellas Geständnis

Isabella: „Ramon, wir müssen reden."
Ramon: „Was gibt es denn, geht es um die Arbeit?"
Isabella: „Ich will die Stelle wechseln."
Isabella: „Das neue Projekt gefällt mir nicht. Ich werde oft dorthin fliegen müssen. Das Ganze ist eine langwierige Angelegenheit und ich möchte dich auch unter der Woche sehen und nicht nur die Wochenenden gemeinsam mit dir verbringen."
Ramon: „Hast du es dir gut überlegt? Es wäre ein Karrieresprung für dich. Du als Co- Projektleiterin baust etwas auf. Das sind wichtige Erfahrungen. Und dein Partner ist Albert. Du hast mal gesagt, du verstehst dich ganz gut mit ihm."
Isabella: „Ja, schon. Allerdings verbringe ich dann mehr Zeit mit ihm als mit dir. (Das will ich vermeiden.)"
Ramon: „Hast du dich schon umgeschaut? Wo möchtest du sonst hin?"
Isabella: „Derweil habe ich bloß eine vage Vorstellung, aber morgen setze ich mich ans Telefon und kontaktiere ein paar alte Kolleginnen. Vielleicht wissen die was?"
Ramon: „Mal schauen … sich umzuschauen, ist immer richtig. Hast du schon jemandem davon erzählt?"
Isabella: „Schatz – du weißt doch, dass du immer der Erste bist, der alles erfährt …"
Er nimmt sie in den Arm und flüstert ihr ins Ohr.
Ramon: „Und das soll auch so bleiben."

Renata: „Wie war es?"
Albert: „Es sieht erfolgversprechend aus."
Renata: „Du klingst so nüchtern, bist du denn nicht glücklich über die Beförderung?"
Albert: „Schon. Sehr sogar, es ist eine große Chance und beruflich eröffnet es mir ganz andere Möglichkeiten."
Renata: „Darauf müssen wir anstoßen, Liebling!"

Albert: „Heute Abend? Wir haben noch den Rotwein, der uns beiden so toll schmeckt."

Renata: „Meinst du den Rioja?"

Albert: „Ja."

Renata: „Bei so einem Anlass? Da brauchen wir einen edlen Tropfen! Ich schaue noch in die Vinothek."

Beim Abendessen …

Renata: „Stoßen wir an. Auf ein abenteuerliches Projekt!"

Albert: „Auf ein Abenteuer voller neuer Chancen!"

Renata: „Und du hast wirklich kein Wort herausgebracht, als er dich zum Projektleiter machte?"

Albert: „Kein einziges. Ich wollte nichts Falsches sagen. Dann wurde ich schon herausgebeten."

Renata: „Du und Isabella scheint ja ein tolles Team abzugeben, nachdem euch der Vermieter gleich auf ein Abendessen eingeladen hat."

Albert: „Anscheinend stimmt die Atmosphäre bei uns. Das hat Lorenzo gleich gespürt."

Renata: „Die Stimmung im Team ist wichtig. Sag mal, hat Isabella die gleichen Ansichten wie du? Ich meine, was die geschäftlichen Angelegenheiten betrifft – seid ihr etwa auf einer Linie?"

Albert: „Vielleicht sind wir nicht immer einer Meinung, aber wir haben eine ähnliche Grundauffassung. Ich habe immer das Gefühl, dass wir ein gemeinsames Ziel haben und uns unsere unterschiedlichen Herangehensweisen dem näherbringen. Bei der Zusammenarbeit habe ich gelernt, wie ich Ideen vorschlage, anstatt meine Vision durchzusetzen.

Renata: „Diese Veränderung ist mir aufgefallen. Übrigens, seitdem streiten wir weniger und auch nicht mehr so heftig."

Albert: „Ja, Buenos Aires und du haben mir gutgetan. Wenn ich zurückdenke, wie ich früher war, undenkbar."

Isabella: „Guten Tag. Ist Frau Renata da?"
Renata: „Ja, am Telefon. Wer spricht denn?"
Isabella: „Isabella, Alberts Arbeitskollegin."
Renata: „Ah. Ja, ja. Albert hat mir schon viel von Ihnen erzählt. Was gibt es?"
Isabella: „Ich muss Ihnen was gestehen. Ich, ich ... habe mit Albert geschlafen."
Renata: „Was? Wovon reden Sie? Wann soll das passiert sein?"
Isabella: „Der Zwischenfall ereignete sich in Miami."
Renata: „Wieso erzählen Sie mir das gerade jetzt?"
Isabella: „Ich kündige, weshalb ich den Mut gefunden habe, Sie anzurufen. Schon seit Längerem fällt es mir immer schwerer, mit dieser Schuld, dieser Lüge, mit dieser grauenvollen Tatsache zu leben. Ich kann nicht mehr. Verzeihen Sie mir, dass ich mich in ihr Leben einmische, aber ..."
Renata: „Dieser Halunke! Mich einfach zu hintergehen und dabei so fröhlich und unschuldig zu wirken. Niemals hätte ich das vermutet!"
Isabella: „Ich musste Ihnen die Wahrheit sagen. Ich kann nicht anders."
Renata: „Sie sollen für ihre Ehrlichkeit nicht auch noch bestraft werden."
Isabella: „Ich muss los, muss noch einiges erledigen, wegen der Kündigung und so."
Renata: „Verstehe, danke für den Anruf."
Isabella: „Wiederhören."

Im Sessel sitzend, erwartet sie Alberts Ankunft.
Albert dreht den Schlüssel im Schloss um, geht herein und sagt: „Hallo!"
Als er das Licht aufdreht, sieht er Renata im Stuhl versinken und nimmt ihren düsteren Blick wahr.
Albert: „Ist irgendwas los? Hattest du einen schlechten Tag im Büro?"

Renata: „Im Büro war noch alles in Ordnung."

Albert: „Ist was passiert?"

Renata: „Du Bastard! Du Schandmaul! So ein scheinheiliger Lügner ist mir noch nie untergekommen ..."

Albert: „Was redest du denn da? So kenne ich dich gar nicht."

Renata: „Dann kläre ich dich auf. Schon vergessen, was in Miami los war?"

Albert: „Was meinst du? Was soll los gewesen sein?"

Renata: „Isabella hat mich angerufen."

Albert stockt der Atem ...

Wohin des Weges

Nach der Trennung setzte für Albert eine Periode der Einsamkeit ein. Sein Tag bestand nur mehr noch aus Arbeiten und Schlafen. Das kam ihm gar nicht ungelegen, denn er wüsste mit seiner Zeit nichts anzufangen. Obwohl ihn das Projekt derart in Anspruch nahm, ja förmlich verschlang, gab es doch Momente, in denen sich seine Gedanken den Weg ins Bewusstsein freikämpften. Diese kurzen Zeitfenster taten ihm gar nicht gut, die Emotionen, die hinauftransportiert wurden, waren intensiv, bitter und quälend. Die mit hinaufgepeitschten Schuldgefühle verselbstständigten sich.

Eintragung ins Tagebuch …

Pur

Schmerz entspringt
wo das Herz beginnt

Ich spüre einen Stich
weiß nicht
was es ist
Suche und suche
doch finde nichts

Schmerz durchzieht meine Brust
es quält mich zu Boden
Die Erinnyen suchen mich heim

In Buenos Aires bewegte sich Albert lange in Renatas Kreisen, baute aber kaum eigene freundschaftliche Verhältnisse auf. Er beschloss, diese Tatsache einer Änderung zu unterwerfen, und begann, sich in den Immigrantenorganisationen und deren Veranstaltungen öfter blicken zu lassen. Er lernte Leute aus verschiedenen sozialen Milieus kennen, lauschte begierig ihren Motiven, die zur Auswanderung führten. Sein eigenes Leben gewann dadurch an Farbe, Renata vergaß er dabei fast gänzlich.

Nun zeigte Buenos Aires eine andere Seite auf – eine voller Kolorit und Esprit mit einer Prise Unbeständigkeit. Sein Dasein wandelte sich von einem gemeinsamen stabilen Leben zu zweit, das er in jedem Teil der Welt hätte führen können, hin zu einem unkonventionellen, vagabundartigen, ja, jugendhaften Leben – mit einem Wort: Er wurde zum Boheme.

Trotz all der Ablenkung litt er ungemein. Beide Frauen haben ihn verlassen, keine ist geblieben. Er machte sich Vorwürfe, bei der einen nicht ausdauernder und bei der anderen nicht energisch genug gewesen zu sein.

Der Autor

Michael Buczak, geboren 1982, lebt in Wien. Der Wunsch, sich künstlerisch auszudrücken und seinem Inneren Raum zu geben, führte ihn zunächst zum Modedesign. Durch dieses kreative Erlebnis entwickelte er eine neue künstlerische Perspektive. Für die Literatur begeistert er sich schon sein Leben lang. Inspiriert von anderen Autoren und deren Werken fing er an, selbst das Besondere festzuhalten, das ihn inspiriert. Das Schreiben ist für ihn eine große Bereicherung, ein In-Kontakt-Treten mit seiner „lyrischen Stimme". So entstand auch sein erstes Buch „Fragliche Fragmente eines Lebens". Außerdem betreibt der Autor den Blog „Misign" und ist in seiner Freizeit ein begeisterter Volleyballer.

novum VERLAG FÜR NEUAUTOREN

Der Verlag

*Wer aufhört
besser zu werden,
hat aufgehört
gut zu sein!*

Basierend auf diesem Motto ist es dem novum Verlag ein Anliegen neue Manuskripte aufzuspüren, zu veröffentlichen und deren Autoren langfristig zu fördern. Mittlerweile gilt der 1997 gegründete und mehrfach prämierte Verlag als Spezialist für Neuautoren in Deutschland, Österreich und der Schweiz.

Für jedes neue Manuskript wird innerhalb weniger Wochen eine kostenfreie, unverbindliche Lektorats-Prüfung erstellt.

Weitere Informationen zum Verlag und
seinen Büchern finden Sie im Internet unter:

w w w . n o v u m v e r l a g . c o m